T0142458

essentials

essentials liefern aktuelles Wissen in konzentrierter Form. Die Essenz dessen, worauf es als „State-of-the-Art" in der gegenwärtigen Fachdiskussion oder in der Praxis ankommt. *essentials* informieren schnell, unkompliziert und verständlich

- als Einführung in ein aktuelles Thema aus Ihrem Fachgebiet
- als Einstieg in ein für Sie noch unbekanntes Themenfeld
- als Einblick, um zum Thema mitreden zu können

Die Bücher in elektronischer und gedruckter Form bringen das Expertenwissen von Springer-Fachautoren kompakt zur Darstellung. Sie sind besonders für die Nutzung als eBook auf Tablet-PCs, eBook-Readern und Smartphones geeignet. *essentials:* Wissensbausteine aus den Wirtschafts-, Sozial- und Geisteswissenschaften, aus Technik und Naturwissenschaften sowie aus Medizin, Psychologie und Gesundheitsberufen. Von renommierten Autoren aller Springer-Verlagsmarken.

Weitere Bände in der Reihe http://www.springer.com/series/13088

Ulrich Holzbaur

Nachhaltige Events

Erfolgreiche Veranstaltungen durch
gesellschaftliche Verantwortung

2. Auflage

Ulrich Holzbaur
Hochschule Aalen, Aalen, Deutschland

ISSN 2197-6708   ISSN 2197-6716   (electronic)
essentials
ISBN 978-3-658-32442-1   ISBN 978-3-658-32443-8   (eBook)
https://doi.org/10.1007/978-3-658-32443-8

Die Deutsche Nationalbibliothek verzeichnet diese Publikation in der Deutschen Nationalbibliografie; detaillierte bibliografische Daten sind im Internet über http://dnb.d-nb.de abrufbar.

Illustrationen: Dr. Annika Beifuss

Planung/Lektorat: Imke Sander
Springer Gabler ist ein Imprint der eingetragenen Gesellschaft Springer Fachmedien Wiesbaden GmbH und ist ein Teil von Springer Nature.
Die Anschrift der Gesellschaft ist: Abraham-Lincoln-Str. 46, 65189 Wiesbaden, Germany

Was Sie in diesem *essential* finden können

- Die Konzeption Nachhaltiger Events als zukunftsorientierte, erfolgreiche Veranstaltungen.
- Die Bedeutung der Nachhaltigen Entwicklung als Erfolgsfaktor und Rahmenbedingung für Events.
- Die Bedeutung von Erlebnissen und Events für die Bildung für Nachhaltige Entwicklung.
- Handreichungen für die Berücksichtigung von Nachhaltigkeitsaspekten bei Events.
- Konzepte zur Umsetzung Nachhaltiger Events.

Inhaltsverzeichnis

Nachhaltige Events

1

> Die Integration von Eventmanagement und Nachhaltigkeit hat zwei wichtige Ansätze: Einerseits im Eventmanagement die Nachhaltigkeit im Sinne der positiven Wirkung und der Nachhaltigen Entwicklung zu berücksichtigen und zu unterstützen und andererseits durch Events die Bildung für Nachhaltige Entwicklung zu fördern.

1.1 Nachhaltigkeit und Events

Nachhaltig im allgemeinen Sinne wirken Events dann, wenn sie bei allen Beteiligten einen tiefen, positiven und lang anhaltenden Eindruck hinterlassen. „Ich erinnere mich an keine Veranstaltung, die nicht auch ein Event gewesen wäre – die anderen habe ich alle vergessen." [3].

Dafür sind die Berücksichtigung der Erlebnisorientierung, der Stakeholderanforderungen (Abschn. 2.4) und der Nachhaltigen Entwicklung essenzielle Faktoren. Ein wichtiger Beitrag zum Eventerfolg ist die Berücksichtigung der gesellschaftlichen Verantwortung und Zukunftsorientierung bei der Gestaltung des Events. Damit spielt die Nachhaltige Entwicklung (Kap. 3) eine wichtige Rolle für das Eventmanagement. Die Brundtland-Definition von 1987, benannt nach der damaligen Vorsitzenden der Weltkommission für Umwelt und Entwicklung Gro Harlem Brundtland, ist die heute allgemein gültige und anerkannte Definition der Nachhaltigkeit im Sinne der Nachhaltigen Entwicklung. In Ergänzung dazu sollen Nachhaltige Events im Sinne der Nachhaltigen Entwicklung [7] wirken.

▶ **Grundbegriffe nachhaltige Events**

- **Event**
  Ein Event ist eine Veranstaltung mit Erlebnischarakter, d. h. eine Veranstaltung, bei der das Erleben gezielt als Komponente geplant und integriert ist.
- **Nachhaltigkeit**
  Nachhaltige oder dauerhafte Entwicklung ist eine Entwicklung, die die Bedürfnisse der Gegenwart befriedigt, ohne zu riskieren, dass künftige Generationen ihre eigenen Bedürfnisse nicht befriedigen können [11].
- **Nachhaltige Events**
  Nachhaltige Events sind nicht nur dauerhaft wirkungsvoll im Sinne des Eventziels, sondern auch wirksam im Sinne der Nachhaltigen Entwicklung (Abb. 1.1).

Events werden von Menschen für Menschen gemacht. Dabei überlappen sich durch die Aktivierung die Rollen von Akteuren (Veranstalter) und Konsumenten (Besucher); außerdem ist durch die öffentliche Auswirkung von Events neben den Veranstaltern und Besuchern immer eine dritte Gruppe von Bedeutung:

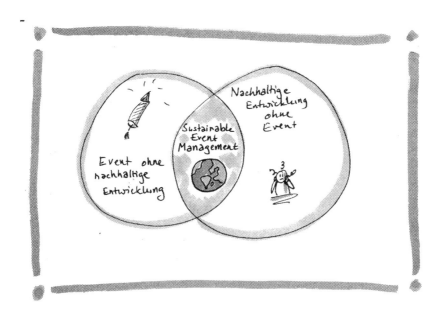

Abb. 1.1 Event und Nachhaltigkeit

Gesellschaftliche Anspruchsgruppen, die die eigenen Ansprüche und die Dritter vertreten.

▶ **Stakeholder** Der Begriff Stakeholder beschreibt alle Anspruchsgruppen, d. h. alle Individuen, Organisationen oder Gruppen, die Ansprüche irgendwelcher Form an eine Organisation haben. Bezogen auf Events sind es alle Personen oder Gruppen, die einen Einfluss auf das Event, die Eventbesucher und den Eventerfolg haben und/oder vom Event direkt oder indirekt betroffen sind.

Beispiel

Wichtige Stakeholder sind die Kunden. Beim Event sind das die (zahlenden oder nichtzahlenden) Besucher und gegebenenfalls die Auftraggeber (veranstaltende Organisation, Träger). Weitere wichtige Stakeholdergruppen sind die Mitarbeiter und Mitwirkenden, die Presse, Zulieferer und Auftragnehmer und die Anlieger des Events. Vertreter von Vereinen und Verbänden können die Interessen ihrer Mitglieder einbringen.◀

Literaturhinweise
Der Leitfaden des Autors [6] enthält Grundlagen und Planungshilfen für Nachhaltige Events. Auch die Umsetzung der Nachhaltigen Entwicklung [7] beinhaltet Events. Zur weiteren Vertiefung im Nachhaltigen Eventmanagement kann [8] empfohlen werden.

1.2   Event und Nachhaltige Entwicklung

Brot statt Böller – kaum eine Aktion steht so plakativ für den Widerstreit zwischen Erlebnisorientierung und Nachhaltigkeit. Events zeichnen sich dadurch aus, dass sie etwas Zusätzliches in das Leben der Menschen bringen und damit etwas, was „eigentlich überflüssig" ist. Damit geraten sie schnell in die Kritik von Menschen, die diese Ressourcenverschwendung kritisieren. Andererseits ist Feiern und das gemeinsame Erleben ein menschliches Grundbedürfnis, und Events sind eine effizientere Methode des Erlebens und der Kommunikation – auch im Sinne der Zukunftsorientierung.

Nachhaltige Entwicklung ist aber nicht nur Ressourcensparen um jeden Preis, sondern ein gesamtheitlicher Prozess, dessen Ziel eine lebenswerte Zukunft ist. Für jedes Fest, jeden Urlaub, jede Freizeitaktivität, jedes Festessen stellt sich die

Frage, ob dies „notwendig" ist. Die Nachhaltige Entwicklung bedeutet auch den Erhalt der Kultur, und dazu gehören Kommunikation und Erlebnis. Es geht also nicht um eine Vermeidung, sondern um einen verantwortlichen Umgang mit Festen und Freizeitaktivitäten. Die Wertschöpfung und Schaffung von Arbeitsplätzen ist zwar keine Absolution für Aktivitäten aller Art, aber die wirtschaftliche und soziale Nachhaltigkeit sind wichtige Säulen einer tragfähigen Entwicklung.

Erlebnisorientierung für die Nachhaltige Entwicklung
Events können positiv im Sinne der Nachhaltigen Entwicklung wirken und eingesetzt werden. Egal ob ein dediziertes Event für die Bildung für Nachhaltige Entwicklung oder ein Event, das die Nachhaltigkeit systematisch berücksichtigt: Die Veranstaltung kann nicht nur im Sinne einer Zukunftsorientierung wirken, sondern auch davon profitieren.

▸ **Bildung für Nachhaltige Entwicklung**
Bildung für Nachhaltige Entwicklung hat das Ziel, der jeweiligen Zielgruppe

- die Zusammenhänge im Bereich Nachhaltige Entwicklung zu erklären und ihnen die Fähigkeit zur Beurteilung von Entscheidungen zu geben,
- das Verständnis für die Auswirkungen einer nicht Nachhaltigen Entwicklung zu vermitteln und ihnen die Motivation für Handeln im Sinne der Nachhaltigen Entwicklung zu geben,
- die Chancen und Möglichkeiten einer Nachhaltigen Entwicklung aufzuzeigen und sie zum Handeln im Sinne der Nachhaltigen Entwicklung zu befähigen.

Erlebnisorientierung kann Inhalte der Bildung für Nachhaltige Entwicklung kommunizieren und „Herz, Hirn und Hand" aktivieren. Hier können alle, die Inhalte der Bildung für Nachhaltige Entwicklung kommunizieren wollen, sehr viel vom Eventmanagement lernen – selbst dann, wenn sie mit Events gar nichts zu tun haben wollen.

1.3   Nachhaltigkeit im Eventmanagement

Eventmanagement umfasst die gesamte Planung und Durchführung von individuellen Veranstaltungen und die Einbindung von Events in die Strategie der Organisation.

Die Verantwortung des Veranstalters für das Event ist allumfassend und kann nicht abgegeben werden. Die Besucher und die Öffentlichkeit rechnen dem

Veranstalter alle positiven und negativen Ereignisse zu, eine Entschuldigung durch Delegation ist nicht möglich. Der Manager ist für das (Fehl-) Verhalten seiner Mitarbeiter verantwortlich. Einweisungen, Motivation und Kontrolle im angemessenen Umfang sind notwendig.

≫ Eventmanagement

- **Individuelles Eventmanagement** ist die Gesamtheit aller Maßnahmen, um eine Veranstaltung zu organisieren und erfolgreich zu machen.
- **Strategisches Eventmanagement** ist die Gesamtheit der Aufgaben zur Verankerung von Events in der Strategie der Organisation und zur Schaffung der Rahmenbedingungen für die erfolgreiche Umsetzung von Events.

Schwerpunkte Nachhaltiger Events

Heute reicht es nicht mehr, eine Veranstaltung „durchzuziehen". Viele interessierte Gruppen (Stakeholder) haben Ansprüche an die Veranstaltung. Das strategische Ziel des Events muss klar herausgearbeitet werden, die Definition der Ziele bezüglich finanziellem Ertrag und Imagegewinn, direkten und indirekten Ergebnissen ist für jedes Event wichtig.

Eine klare Strategie hilft einzuordnen, welche Rolle die Nachhaltigkeit spielt. Die für das Eventmanagement wichtigen Aspekte sind:

- Ressourcenschonung und Energieverbrauch beim Event und im Umfeld (Anreise, Kommunikation), Schutz der natürlichen Umwelt und Erhaltung der Biodiversität an den Veranstaltungsorten (Locations),
- soziale und wirtschaftliche Aspekte bezüglich Mitarbeitern und Teilnehmern, Partizipation durch Teilhabe in der Planung und beim Event,
- „Event für Alle" im Sinne einer umfangreichen Partizipation (niedrigschwelliges Angebot, Barrierefreiheit in jeglicher Hinsicht) und eines gesellschaftlichen Nutzens für alle Anspruchsgruppen,
- Verantwortung für die Nachhaltigkeit bei der Beschaffung bezüglich der indirekten Auswirkungen (beispielsweise auf globale Gerechtigkeit, Ressourcenverbrauch, Umweltauswirkungen, regionale Wirtschaft),
- Förderung von Maßnahmen zur Nachhaltigen Entwicklung (im Rahmen des Events, durch Gewinnung von Akteuren oder durch aktives und passives Sponsoring),
- Beitrag zur Bildung für nachhaltige Entwicklung (Sensibilisierung, Information, Verständnis, Motivation).

In [10] werden vier Bereiche genannt, in denen sich die aktuelle Diskussion um Nachhaltigkeit und Events abspielt:

1. den physisch-funktionellen Organisationsprozess mit dem Schwerpunkt Energie und Umwelt,
2. die Berücksichtigung von lokalen Anspruchsgruppen und der Gemeinde,
3. die lokale sowie regionale sozioökonomische Entwicklung,
4. die programmatische bzw. inhaltliche Auseinandersetzung mit Themen der nachhaltigen Entwicklung.

Strategisches Eventmanagement für Nachhaltige Events
Die Umsetzung Nachhaltiger Events kann sich nicht auf die Gestaltung einzelner Events beschränken. Sie muss Teil des strategischen Eventmanagements einer Organisation sein. Dies erfordert eine Integration in Leitbild und Selbstverständnis der Organisation sowie die Integration aller Akteure sowohl horizontal über alle Hierarchieebenen (Verantwortung der obersten Leitung; Führungsprinzip; Engagement, Verantwortung und Verpflichtung aller Mitarbeiter; Selbstverständnis der Organisation) als auch vertikal über alle Unternehmensbereiche (Front-Office – Back-Office, Stab – Linie, Leistungserbringung – Unterstützung) und über die Wertschöpfungskette des Events.

1.4   Nachhaltigkeit durch Events

Neben den oben betrachteten Auswirkungen von Events können Veranstaltungen bei richtiger Planung positive Nachhaltigkeitswirkungen entfalten. Nicht nur in Events, die gezielt für einen Aspekt der Nachhaltigkeit veranstaltet werden (für eine direkte Wirkung, als Bildungsmaßnahme oder mit dem Ziel Fundraising/Sponsoring), sondern in jeder Veranstaltung können die Bildung für Nachhaltige Entwicklung und lokale Nachhaltigkeitsaspekte integriert werden.

Bildung für Nachhaltige Entwicklung
In der Bildung ist Erlebnisorientierung als Erfolgsfaktor anerkannt, der Begriff Edutainment kennzeichnet die Kombination von Events mit der Wissensvermittlung. Erlebnispädagogik setzt Events im Bereich Erziehung ein. Dabei ist nicht eine „Spaßpädagogik" oder Verflachung der Bildung gemeint, sondern die Umsetzung der Erkenntnis, dass Erleben eine wichtige Erfolgskomponente des

Lernens ist und dass eine positive Grundhaltung das Lernen fördert. Dies kann bei Bildungsveranstaltungen aller Art eingesetzt werden.

Das Ziel der Bildung für Nachhaltige Entwicklung ist es, dem Einzelnen Fähigkeiten mit auf den Weg zu geben, die es ihm ermöglichen, aktiv und eigenverantwortlich die Zukunft mit zu gestalten. Zusammenfassend wird dies als Gestaltungskompetenz [2] bezeichnet. Sie umfasst die Komponenten Wissenserwerb, Analyse, Sozialkompetenz, Planung, Kooperation und Motivation. Ein wichtiger Aspekt ist die Sensibilisierung.

Das Event kann dabei Information und Wissen vermitteln, die Sozialkompetenz und weitere Kompetenzen sowie die Motivation gezielt fördern oder durch die Vorbildfunktion des Events zu nachhaltigkeitsbewusstem Handeln anregen. Das einmalige Event kann dabei langfristige (Bildung) und raumorientierte (Lernorte) Konzepte unterstützen und ergänzen:

- Tage der offenen Tür und Informationstage
- Informationszentren und Lehrpfade
- Events als Unterstützung für Destinationen und Lernorte

Lokale Nachhaltigkeitswirkung

In Kooperation mit lokalen Organisationen und Anbietern kann eine positive Nachhaltigkeitswirkung für die Region erzielt werden. Hier spielt zunächst der regionale Einkauf von Waren und Dienstleistungen eine wichtige Rolle. Neben der Vorbild- und Informationsfunktion kann durch solche Kooperationen (Sponsoring, Syn-Events) lokalen Gruppen die Information, Mitgliedergewinnung und die Durchführung konkreter Aktionen ermöglicht werden.

Lokale Gruppen und Gastronomen können durch Eventbeteiligung eine finanzielle Förderung erhalten oder ihr Image und ihren Bekanntheitsgrad verbessern. Durch Einbindung regionaler Gruppen kann die Partizipation gesteigert werden. Niedrigschwellige Angebote wie Schnupperangebote erlauben es, neue Zielgruppen anzusprechen und für das Event zu gewinnen. Diese Chancen müssen nicht nur für die Bildung und die Nachhaltige Entwicklung genutzt werden.

Daneben ist natürlich eine Minderung negativer Auswirkungen im ökonomischen, ökologischen und sozialen Bereich anzustreben und schon in der Planung zu berücksichtigen.

Events für die Nachhaltigkeit

Events können auch gezielt für ein Nachhaltigkeitsziel veranstaltet werden. Dabei kann die Wirkung durch das Event und die Aktionen auf dem Event, durch die finanzielle Wirkung (Fundraising, Sponsoring), durch den Informations- und

Bildungseffekt oder über als Statement der Teilnehmer (wie beispielsweise bei einer Demonstration) und die damit verbundene Öffentlichkeitswirkung erreicht werden.

Eventmanagement

2

▷ Zunächst beschäftigen wir uns mit der Frage, was man organisatorisch tun muss, um ein Event erfolgreich durchzuführen und einen nachhaltigen positiven Eindruck bei Besuchern und Stakeholdern zu hinterlassen.

Mit dem Begriff Eventmanagement bezeichnen wir die organisatorischen Maßnahmen, um eine Veranstaltung erlebnisorientiert und erfolgreich zu machen. Die beiden Schwerpunkte dabei sind die sichere und reibungslose Durchführung einer Veranstaltung und das Erlebnis als Zusatznutzen [3, 6].

2.1 Events

Vorab ist festzuhalten, dass der Begriff des Events nicht eine objektiv messbare Eigenschaft beschreibt, sondern dass der Eventcharakter einer Veranstaltung oder eines Ereignisses subjektiv ist:

▷ Das Event entsteht im Kopf desjenigen, der es erlebt.

Der Begriff Event bedeutet übersetzt Ereignis, auch mit den Bedeutungen Vorfall, Begebenheit, Ausgang (von mehreren möglichen), Veranstaltung, Sportwettkampf. Zum Ereignischarakter der Veranstaltung kommen noch weitere Aspekte hinzu, die durch folgende Stichworte gekennzeichnet sind:

- Erinnerungswert, Positivität,
- Aktivierung der Teilnehmer

U. Holzbaur, *Nachhaltige Events,* essentials, https://doi.org/10.1007/978-3-658-32443-8_2

- Zusatznutzen und Effekte für die Teilnehmer,
- Planung (Geplantheit), Gestaltung, Organisation und Inszenierung,
- Vielfachheit von Ereignissen, Medien und Wahrnehmungen,
- Verbindung von Eindrücken und Symbolik,
- Eindeutigkeit: Das Ereignis ist identifizierbar und hat einen Erinnerungswert, Namen oder Markencharakter.
- Einmaligkeit: Das Ereignis ist individuell, es wird nicht wiederholt.
- Einzigartigkeit: Das Ereignis ist im positiven Sinne herausragend.

Der Begriff Event ist subjektiv und unscharf: Der Grundnutzen Veranstaltung wird durch einen Zusatznutzen zum Event, fließende Übergänge sind dabei möglich. Auch das Event selbst ist nicht exakt abgegrenzt: Anreise, Verpflegung, Umfeld und Abreise können in den Gesamteindruck mit einbezogen sein.

Erlebnis und Emotion
Warum besucht jemand eine Veranstaltung? Dazu gibt es viele Gründe, von denen wir einige angelehnt an die zu befriedigenden Bedürfnisse zusammenfassen:

- Lernen und Kompetenzerwerb, Persönlichkeitsentwicklung
- Berufliche Veranlassung, Entscheidungen und Ergebnisse
- Erlebnis, Aktivität und Herausforderung (Flow)
- Gesellschaftliche/ / Soziale Kontakte (sehen und gesehen werden)
- Sinnvolle Tätigkeit und Beitrag zum Gemeinwesen
- Möglichkeit für persönliche Kontakte
- Genuss und Wohlfühlen.

Eventwirkung
Das Erlebnis lebt vom positiven Gefühl bei den Besuchern. Dazu gehört das Wechselspiel zwischen Aktivierung und Positivität, die Interaktion zwischen Akteuren und Besuchern und die Interaktion der Besucher untereinander [7, 3].

Raum – Zeit – Mensch
Ein gutes Raum-Zeit-Konzept erlaubt eine effiziente Eventgestaltung und ein intensives Erleben. Viele Events sind räumlich und zeitlich verteilt: Die Skala kann vom Zehnmeterbereich bis zu vielen Kilometern und von Minuten bis zu Monaten variieren. Anreise und Aufenthalt führen weiterhin zu einer raum-zeitlichen Verteilung des Erlebnisses.
Räumliche und zeitliche Aspekte müssen berücksichtigt werden bei:

- Besucherzahlen (in der räumlichen Verteilung und im Zeitverlauf)
- Besucherströmen (in der räumlichen Verteilung und im Zeitverlauf) und Steuerung von Besucherströmen und Warteschlangen
- Verkehrsströmen (Individualverkehr, ÖPNV)
- Emissionen und Lärm
- Abfallaufkommen und Rücklaufware (Pfand)

Die Eventplaner sollten immer die entsprechenden Zeitpläne und Raumpläne verfügbar haben und berücksichtigen. Damit lassen sich Erlebnis, Effizienz und Sicherheit steigern.

2.2   Systematische Evententwicklung

Die Organisation eines Events ist eine wichtige und verantwortungsvolle Aufgabe. Sie kann aber nur zum Erfolg führen, wenn das Event selbst systematisch konzipiert wurde.

▷ **Evententwicklung** Evententwicklung ist der systematische Prozess zur Entwicklung der Eventkonzeption und der Eventdetails zur Erfüllung der Anforderungen der Besucher, Kunden und weiterer Stakeholder.

Ergebnisorientierung und Erlebnisorientierung
Die Idee der Erlebnisorientierung (des „Sahnehäubchens") scheint ein Widerspruch zum Rationalisierungsprinzip zu sein – es gilt aber genau das Gegenteil: Jedes Element eines Events ist ein Beitrag zum Eventziel, nämlich zu dem angestrebten Erlebnis. Das Ziel der Veranstaltung ist ja nicht, die Besucher satt zu machen oder sie in einen Raum zu bringen, sondern immer, ihnen ein wertvolles Erlebnis zu bieten.

▷   **KISS** Keep it Simple and Safe: Komplexe Inszenierungen sind kein Widerspruch zur Einfachheit, sie müssen nur sauber geplant und sicher umsetzbar sein.

Entwicklungsprojekt
Die Evententwicklung (Entwicklung des Eventkonzepts und der Eventplanung) ist nur ein Teil des Eventmanagements, dessen Ziel ja das Event selbst ist. Die Entwicklung eines Eventkonzepts geht aus von dem Nutzen, den man aus dem

Event ziehen möchte und leitet die Anforderungen an das Event ab. Nun müssen die verschiedenen prinzipiellen Möglichkeiten zusammengestellt und kombiniert werden und eine Entscheidung für die Gestaltung des Events muss getroffen werden. Dabei muss sich das Event an den Eventzielen, der Unternehmensstrategie und den Rahmenbedingungen orientieren.

Die Entwicklung eines Events als Einzelveranstaltung oder Konzeption (Marke, Format) ist ein Entwicklungsprozess, der denselben Prinzipien gehorcht wie jede Produktentwicklung [4].

Damit haben wir die beiden Kernbereiche für die Evententwicklung (Abschn. 6.4):

- **Vision:** Anforderungen der Stakeholder und Kunden
  Durch die Öffentlichkeit von Events gibt es aber sehr viele weitere Anspruchsgruppen.
- **Mission:** Konzept und Implementierung
  Für die Umsetzung der Anforderungen in eine Konzeption (Spezifikation, Entwurf) und die konkrete Planung bieten sich die Methoden der Produktentwicklung an.

▶ **Event-Entwicklung für Eilige** Die folgende Liste soll als „Rezept" zur erfolgreichen Planung von Events dienen.

- Machen Sie sich klar, was Ihre Ziele und die der Organisation sind.
- Stellen Sie die Zielgruppen Ihres Events zusammen.
- Erstellen Sie ein Grobkonzept und Event-Highlights.
- Gehen Sie die Phasen und Meilensteine durch, legen Sie die Entscheidungstermine grob fest.
- Besprechen Sie das magische Projektdreieck, Konzeption und Planung mit Ihrem Team.
- Halten Sie die wichtigsten Parameter (Name, Ort, Zeit) schriftlich fest.
- Erstellen Sie eine Liste der Ziele aus Sicht der Auftraggeber, der und Organisatoren und des Teams.
- Erstellen Sie einen groben Meilensteinplan und Arbeitsstrukturplan auf je einem Blatt Papier.
- Planen Sie die einzelnen Komponenten und Phasen.
- Schreiben Sie Ihr Eventkonzept und den geplanten Eventablauf auf.
- Betrachten Sie den Eventablauf aus verschiedenen Sichten.
- Machen Sie sich einen detaillierten Projektplan.

- Arbeiten Sie die Projektpläne und Checklisten systematisch ab.
- Denken Sie daran, dass Sie mit Menschen und für Menschen arbeiten.

Im Hinblick auf das Eventmanagement empfiehlt es sich, das gesamte Projekt in Phasen aufzuteilen, und zwar aus Sicht von Organisation und Besuchern. Diese Phasen sind auch eine wichtige Basis für die Planung des Events unter Nachhaltigkeitsgesichtspunkten (Abschn. 6.2; 6.3).

Eisberg
Das für den Besucher sichtbare Event ist nur die Spitze des Eisbergs. Darunter liegen unterschiedliche Ebenen und Phasen der Vor- und Nachbereitung (Abb. 2.1).

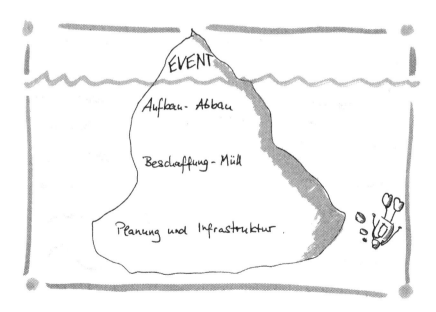

Abb. 2.1 Eisberg und Phasen

2.3   Phasen im Eventmanagement

Jedes Event ist am Ziel bzw. Zweck orientiert. Um das Ziel zu erreichen, muss das Event auf die Teilnehmer ausgerichtet sein. Aus Sicht der Planung sind die Entscheidungen und Aktivitäten in den Phasen eine gute Strukturierung. Dabei kann man von der Eventsicht Tab. 2.1. oder der Besuchersicht Tab. 2.2 ausgehen. Diese beiden Sichten werden wir in Abschn. 6.2 bzw. Abschn. 6.3 aufgreifen.

Tab. 2.1 Phasen im Eventmanagement

Phase	Inhalt
P1: Init	Initialisierungsphase: Grundprinzipien, Vorlage für Entscheidungsträger
P2: Start	Planungsphase: Aufgabenverteilung, Teambildung, Grobplanung
P3: Vorbereitung	Feinplanung: Vorbereitung und Organisation des Events, Einladungen
P4: Anlauf	Hochlaufen des Events: Aufbau, Anlieferung, Anreise
P5: Aktiv	Ablauf des Events: von der Eröffnung bis zur Schließung
P6: Nachlauf	Beendigung des Events: Abbau, Rückgabe, Rückkreise
P7: Nachbereitung	Abschließende organisatorische Arbeiten

Tab. 2.2 Phasen und Meilensteine aus Besuchersicht

Phase	Inhalt
P1: Init	Initialisierung, Information, Entscheidungsphase
P2: Planung	Planungsphase, Grobplanung und Konzeption
P3: Vorbereitung	Feinplanung: Vorbereitung und Organisation
P4a: Anreise	Anreise
P4b: Aufenthalt	Aufenthalt, Vorbereitung, Warten
P5: Teilnahme	Ablauf des Events: vom Eintreten bis zum Verlassen
P6a: Aufenthalt	Aufenthalt, Warten
P6b: Rückkreise	Rückkreise
P7: Nachbereitung	Auswertung, Finanzieller Abschluss

Die Phase P5 des Teilnehmers kann auch nur ein Teil der aktiven Phase P5 des Events sein.

2.4 Kunden und Stakeholder

Erfolg aus Kunden- und Stakeholdersicht
Wer ein Event plant, ist zwischen den tollen Ideen und genialen Konzepten einerseits und dem Wust von nervigen Details andererseits hin- und hergerissen. Schnell wird dabei die wichtigste Komponente des Events vergessen: der Kunde – wobei es „den Kunden" gar nicht gibt, sondern jeder Besucher individuelle Anforderungen hat und jeder Sponsor bringt andere Wünschemitbringt.

Dies gilt auch hinsichtlich der Nachhaltigen Entwicklung und des Maßes an Partizipation – nicht nur Beteiligung am Event sondern Einbindung in die Konzeption und Planung.

„Das" Event aus Sicht der unterschiedlichen Teilnehmergruppen und aus dem Spiegel verschiedener indirekter Reaktionen (vor allem zukünftiger Presseberichte) zu betrachten, ist ein wichtiger Beitrag zum Erfolg. „Planung ist modellbasierte Vorwegnahme der Zukunft" und wer ein Event vor dem geistigen Auge oder im Gespräch mit einem aufmerksamen Zuhörer aus verschiedenen Sichten aufmerksam durchläuft, ist für die Zukunft gewappnet und hat das Event verantwortungsvoll geplant.

Neben dem typischen Eventbesucher sind diejenigen zu betrachten, die nicht wegen des eigentlichen Angebots kommen, sondern eingeladen wurden, gesehen werden sollen oder etwas Spezielles sehen wollen (vom sachlichen oder wissenschaftlichen Interesse bis zur Spionage) und solche, die negative oder gar kriminelle Handlungen planen.

Stakeholder- und Zielgruppenanalyse
Für den Erfolg sind die Stakeholder (Anspruchsgruppen) generell und speziell die direkten und indirekten Event-Zielgruppen entscheidend. Am Anfang ist es wichtig, interessierte Gruppen (Stakeholder) zu identifizieren und ihre Anforderungen an das Event, ihre Wünsche und Ängste, Einflussmöglichkeiten und Nutzen für das Event zu erfassen. Die Erfassung der Ziele von Stakeholdern ist wichtig, um aus potenziellen Gegnern möglichst Verbündete oder Unterstützer zu machen. Gerade bei einem Event, das vom Erleben lebt, können Misstöne im Umfeld oder Vorfeld verheerende Auswirkungen haben.

Organisatoren und Träger
Träger einer Veranstaltung ist entweder eine Organisation oder eine Gruppe von Organisationen. Im zweiten Fall ist genau zu klären, wer welche Rolle hat. Auch die juristische Form und die Rechte und Pflichten in diesem Vorhaben sind zu klären.

Stakeholder (Anspruchsgruppen)
Bei einem Event gibt es die vielfältigsten Anspruchsgruppen. Letztendlich haben alle gesellschaftlichen Gruppen und alle Individuen einen Anspruch auf Einhaltung normativer Regeln und Sicherheit vor Risiken.

Neben den eigentlichen Kunden, den zahlenden Besuchern und VIPs, spielen Zaungäste und Presse eine Rolle. Verwaltung und Ordnungsamt, Polizei und Anwohner stellen Restriktionen an die Umweltbelastung durch Verkehr, Müll und Lärm. Die Sponsoren wollen wahrgenommen werden und vom positiven Image der Veranstaltung profitieren. Je nach Art der Darbietung können sich gesellschaftliche Gruppen durch Form oder Inhalt gestört fühlen. Je nach Art der Anreise sind die Träger des ÖPNV und die Anbieter und Nutzer überregionaler Verkehrsverbindungen vom Event betroffen (Stau).

Zielgruppen
Wichtige Stakeholdergruppen sind die Event-Zielgruppen:

- direkte Zielgruppe: diejenigen, die als Teilnehmer des Events angesprochen werden sollen,
- indirekte Zielgruppe: diejenigen, die durch die Kommunikation über das Event erreicht werden sollen.

Zielgruppen-Portfolio
Die Zielgruppe lässt sich durch eine Reihe von Kriterien beschreiben wie Alter, Geschlecht, Einkommen, Bildung, Zugehörigkeit zu Interessengruppen und Branchen, Einkaufsverhalten, Lebensstil, familiäre Situation (Familien). Hinzu kommen weitere Dimensionen wie beispielsweise der Wohnort, um u. a. eine geografische Ausrichtung der Kommunikationsmaßnahmen zu ermöglichen.

Da die Zielgruppen bezüglich der demografischen Merkmale nicht einheitlich sind, müssen wir uns in der Planung und Kommunikation am gesamten Portfolio unserer Zielgruppen orientieren – differenziert nach Besuchern (zahlende und eingeladene) und indirekten Zielgruppen.

2.5   Sicherheit und Risiko

Ein wichtiger Faktor für den Erfolg von Events ist die sichere Durchführung. Während subjektiv wahrgenommene Gefahr (Nervenkitzel) teilweise eine Komponente des Erlebnisses sein kann, ist das wahrgenommene Risiko (Gefährdung, Unsicherheit) eine Beeinträchtigung des positiven Erlebnisses und das objektive Risiko eine Gefährdung nicht nur für den Erfolg des Events, sondern auch für die Organisatoren.

Zum rechtzeitigen Erkennen und Bewältigen der Risiken dient der Risikomanagementprozess. Dieser besteht aus

- Risikoidentifikation,
- Risikoanalyse, Risikobewertung,
- Risikobewältigung.

Bei der Risikoidentifikation geht es darum, auftretende Risiken rechtzeitig zu erkennen. Dies bedarf der umfassenden Bestandsaufnahme aller möglichen Risiken. Ziel der Risikoanalyse ist, für die erkannten Risiken einerseits sowohl die genaue Ursache (Wirkungsketten), als auch die Eintrittswahrscheinlichkeit und die Höhe des möglichen Schadens festzustellen. Der erwartete Schaden ist das Produkt aus der Eintrittswahrscheinlichkeit und der möglichen Schadenshöhe.

Die Risikoidentifikation führt zum Risikoportfolio, in dem alle Risiken nach Größe (Schaden beim Eintreten des Risikos) und Wahrscheinlichkeit aufgelistet oder grafisch dargestellt werden.

Bei der Risikobewältigung wird versucht, die Eintrittswahrscheinlichkeit eines Risikos zu verringern bzw. die Auswirkungen zu begrenzen. Risiken mit hoher Eintrittswahrscheinlichkeit jedoch geringen Auswirkungen sind eher Objekt eines Verbesserungsprozesses. Risiken mit einem potenziell großen Schaden müssen genauestens beobachtet werden, selbst wenn die Eintrittswahrscheinlichkeit gering ist. Der Veranstalter kann nicht nur juristisch belangt werden (ordnungsrechtlich: Strafe, Bußgeld, privatrechtlich: Haftung, Schadenersatz), sondern auch in der Öffentlichkeit und den Medien moralisch zur Verantwortung gezogen werden.

Besucherverhalten
Die Sicherheit wird durch das Besucherverhalten beeinflusst und ist deshalb extrem sorgfältig zu planen. Die hohe emotionale Wirkung von Events (Euphorie)

aber auch negative Wirkungen bis zur Panik müssen mit in Betracht gezogen werden. Raumpläne und Zeitpläne sollten entsprechend intern (Team, Auftraggeber) und extern (Besucher, Stakeholder) kommuniziert werden.

Elementare Sicherheitsmaßnahmen
Zentrale Informationen und Telefonnummern für Hilfsangebote, Rückmeldungen, Beschwerden und Notfälle sollten für Mitarbeiter und für Besucher eingerichtet werden. Sie helfen, Probleme zu vermeiden oder zumindest die Folgen zu mindern.

Wie bei allen Bereichen spielt hier die gesamte Organisationskultur eine wichtige Rolle.

▸   Wenn du das Event nicht sicher machen kannst, lass es!

Nachhaltige Entwicklung als Rahmen und Ziel

3

> Nachhaltige Entwicklung ist das Überlebensprinzip für die Menschheit bzw. die menschliche Kultur. Wir betrachten die grundlegenden Dokumente, Prinzipien und Strategien zur Nachhaltigen Entwicklung.

3.1 Von der Agenda zu den SDG

Ausgehend von der in Abschn. 1.2 gegebenen Brundtland-Definition [11] können wir den Nachhaltigkeitsbegriff verfeinern:

> **Nachhaltige Entwicklung** Nachhaltige Entwicklung ist eine lokale und globale Entwicklung der Menschheit, die die aktuellen Bedürfnisse befriedigt, ohne die Chancen zukünftiger Generationen zu gefährden, ihre Bedürfnisse zu befriedigen.

Diese Definition von Nachhaltigkeit geht von der Menschheit aus, sie ist also anthropozentrisch. Ziel der Nachhaltigkeit sind lebenswürdige Verhältnisse für zukünftige Generationen von Menschen. Die Bewahrung der natürlichen Ressourcen und Ökosysteme, Etablierung und Stabilisierung von gesellschaftlicher Ordnung, politischer Stabilität und globaler Gerechtigkeit sowie Einzelkriterien wie Artenvielfalt, Bevölkerungsstruktur, Wirtschaftskreisläufe oder Bildungsstand sind abgeleitete Ziele, die einer lebenswerten Zukunft dienen.

© Der/die Autor(en), exklusiv lizenziert durch Springer Fachmedien Wiesbaden GmbH, ein Teil von Springer Nature 2020
U. Holzbaur, *Nachhaltige Events,* essentials,
https://doi.org/10.1007/978-3-658-32443-8_3

Agenda 21
Es ist sehr gut zu erkennen, dass „nachhaltig" kein statischer Zustand ist, sondern dass es Nachhaltigkeit nur als langfristiges Ziel, also in Prozessen geben kann; darum spricht man von „Nachhaltiger Entwicklung". Die Weltkonferenz 1992 in Rio de Janeiro erkannte die Brundtland-Definition an und setzte sie in Form der Agenda 21 in ein Handlungsprogramm um. Agenda bedeutet „Was zu tun ist".

Agenda 2030
Die Umsetzung der Nachhaltigen Entwicklung wurde durch die 17 Nachhaltigkeitsziele (Sustainable Development Goals, SDG) der Agenda 2030 und ihre 169 Unterziele konkretisiert und operationalisiert.

3.2   Kernaspekte – die Triple Bottom Line

Wie stellen zunächst Aspekte, Prinzipien und Strategien für die Umsetzung der Nachhaltigen Entwicklung zusammen.

Drei Säulen der Nachhaltigen Entwicklung
Klassischerweise baut die Nachhaltigkeit auf drei Säulen (3P = Prosperity, Planet, People, Triple Bottom Line) auf:

- Ökonomie/Prosperity: Erhalt von Wirtschaftssystem und Wertschöpfung zur Befriedigung der Bedürfnisse. Wirtschaftliche Nachhaltigkeit: hierunter wird der gesamte wirtschaftliche Beitrag des Unternehmens verstanden. Hierunter fallen die Wertschöpfung und die Teilnahme an Aktivitäten von Gesellschaft und Wirtschaft.
- Soziales/People: Kernelemente sind die Verteilungsgerechtigkeit und Partizipation sowie die Freiheit bei der Gestaltung des eigenen Lebens. Unter diesen Bereich fallen alle Leistungen des Unternehmens für die Gesellschaft. Auch die Auswirkungen der Produkte und ihrer Nutzung und von Dienstleistungen sind für diesen Bereich relevant.
- Ökologie/Planet: Bewahrung der natürlichen Ressourcen als Grundlage des Lebens und Wirtschaftens. Ökologische Nachhaltigkeit betrifft die Umweltauswirkungen im weitesten Sinne. Auch die Auswirkungen auf Emissionen und Ressourcenverbräuche durch den Gebrauch der Produkte gehört dazu. Hier spielen die Lieferkette (supply chain) und der Produktnutzen eine wichtige Rolle.

Daneben gehören eine umfassende und ganzheitliche Betrachtung und die zukunftsorientierte Generationengerechtigkeit essenziell dazu. Der Bereich Kultur wird häufig dem Sozialen zugeschlagen, umfasst aber natürlich auch die Ökonomie und weite Bereiche der Ökologie. Die Wahrnehmung gesellschaftlicher Verantwortung durch das Unternehmen (Corporate Social Responsibility, CSR) umfasst die Berücksichtigung aller gesellschaftlichen Aspekte und Auswirkungen bei unternehmerischen Entscheidungen.

Für eine umfangreichere Darstellung sowie die Erweiterung der 3P auf die 6P (3P + Peace, Partnership, Permanence) siehe [7].

3.3 Kultur

Der Kern der Nachhaltigen Entwicklung ist der Erhalt der kulturellen Errungenschaften bzw. der menschlichen Zivilisation.

Nachhaltigkeit und Kultur
Aus der oben beschriebenen Definition von Nachhaltigkeit, die sich an der Befriedigung der menschlichen Bedürfnisse orientiert, geht hervor, dass

- Nachhaltige Entwicklung ein anthropozentrisches Prinzip ist, d. h. die Menschheit und jeder individuelle Mensch mit seinen/ihren Bedürfnissen im Zentrum der Überlegungen stehen,
- Nachhaltige Entwicklung viel mit den Begriffen Kultur (im Sinne des vom Menschen geschaffenen) und Wertschöpfung (im Sinne der Erzeugung der zur Bedürfnisbefriedigung notwendigen Werte) zu tun hat,
- die Schaffung und Erhaltung von kulturellen und natürlichen Ressourcen als Basis für die zukünftige Möglichkeit der Bedürfnisbefriedigung eine essenzielle Voraussetzung ist.

➤   Nachhaltige Entwicklung ist der Erhalt menschlicher Kultur.

Andererseits sind Events auch ein wichtiger Teil dieser Kultur, da Kommunikation und Erlebnis wichtige menschliche Bedürfnisse sind.

Nachhaltigkeitsmanagement
Die Umsetzung von Nachhaltigkeit im Eventmanagement erfordert ein ähnliches System wie das Qualitäts- oder Umweltmanagement. Dabei sind diese Punkte wichtig:

- **Managementaspekte**
    - Organisationsführung (Governance)
    - Verantwortung der obersten Leitung
    - kontinuierliche Verbesserung
- **Inhaltliche Aspekte (Säulen)**
    - faire Betriebs- und Geschäftspraktiken
    - Menschenrechte, Arbeitspraktiken
    - Umweltschutz, Ressourcenschonung
    - Konsumentenanliegen, Produktverantwortung
    - Einbindung und Entwicklung der Gesellschaft

3.4 Bildung für nachhaltige Entwicklung

▷   Neben der Berücksichtigung der Nachhaltigen Entwicklung als Rahmenbedingung oder Ziel des Events, kann gezielt ein positiver Beitrag zur Bildung im Sinne einer Nachhaltigen Entwicklung geleistet werden.

Eigentlich sollte der Begriff Bildung für Nachhaltige Entwicklung überflüssig sein: Jede Bildung, die den Namen Bildung wirklich verdient, ist auf die Zukunft und den Erhalt der menschlichen Kultur ausgerichtet. Der Ursprung kommt aber aus der anderen Richtung: Bildung wurde erkannt als die wichtigste Maßnahme zum Erreichen einer Nachhaltigen Entwicklung. Nur durch eine langfristige Bildung und dadurch bewirktes Wissen, Bewusstsein, Motivation und Verhaltensänderung kann eine Nachhaltige Entwicklung erreicht werden.

Darum erschöpft sich Bildung für Nachhaltige Entwicklung nicht in der Vermittlung von Wissen oder der Darstellung von Problemen, sondern will die Handlungskompetenz zur Gestaltung einer lebenswerten Zukunft vermitteln; dies geht auch in den Begriff Gestaltungskompetenz ein (Abb. 3.1).

Gestaltungskompetenz
Eine wichtige Komponente der Bildung für Nachhaltige Entwicklung ist der Erwerb von Gestaltungskompetenz.

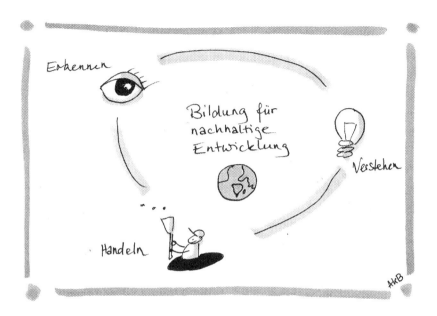

Abb. 3.1 Bildung für Nachhaltige Entwicklung

➤ **Gestaltungskompetenz** Mit Gestaltungskompetenz wird nach de Haan (1998) [2] die Fähigkeit bezeichnet, „Wissen über nachhaltige Entwicklung anwenden und Probleme nicht nachhaltiger Entwicklung erkennen zu können".

Die Gestaltungskompetenz hat also neben einer kognitiv-analytischen Komponente eine wichtige Anwendungskomponente. Diese sollte sich aber nicht nur darauf beziehen, zu wissen, wo die Probleme sind, sondern auch im Sinne des Wortes Gestaltung darauf, aktiv zu der Gestaltung der Zukunft beizutragen.
  Es gibt unterschiedliche Zusammenstellungen der Kompetenzen, die Komponenten der Gestaltungskompetenz sind. Wir stellen hier diejenigen Kompetenzen zusammen, die für die Gestaltung der Zukunft wichtig sind.

- Wissen und Werte reflektieren: das eigene Wissen und die eigenen Leitbilder sowie diejenigen anderer Gruppen beurteilen und reflektieren
- Wissen und Werte erwerben: weltoffen und neue Perspektiven integrierend Wissen aufbauen, interdisziplinär Erkenntnisse und Werte gewinnen

- Planen: vorausschauend und gemeinsam mit anderen denken und planen, als notwendig erkannte Maßnahmen planen
- Umsetzen: an Entscheidungsprozessen partizipieren und Partnerschaften aufbauen, sich und andere motivieren können, aktiv zu werden und Planungen umzusetzen, Umsetzungsprozesse aktiv voranbringen und steuern
- Reflektieren: das Ergebnis eigener und fremder Umsetzungs- und Gestaltungsprozesse bezüglich seiner Wirkung beurteilen und notwendige Konsequenzen für Korrekturen auf der operativen und strategischen Ebene ziehen

Nachhaltigkeitstage

Bund und Länder veranstalten regelmäßig Aktionstage oder Wochen zu Bildung für Nachhaltige Entwicklung (oder Teilthemen dazu). Über das Einzelevent hinaus wirken diese als Gesamtevent durch die gemeinsame Präsentation und Medienpräsenz.◄

Externe Lernorte – informelle Bildung
Der Begriff der externen Lernorte bezeichnet alle Orte, an denen Lernen außerhalb der Schule stattfindet, d. h. Wissen und Bildung im Rahmen der informellen Bildung vermittelt bzw. erworben wird. Diese kann durch Veranstaltungen aller Art erreicht werden.

Nachhaltigkeitsaspekte für Events

> In diesem Kapitel werden die wichtigsten Aspekte der Nachhaltigen Entwicklung aus Sicht des Events zusammengefasst. Damit wird das Hintergrundwissen geschaffen, um ein nachhaltiges Event verantwortlich und zukunftsorientiert zu planen und zum Erfolg zu führen.

Bei einer Analyse der Nachhaltigkeitseffekte und der Ableitung der Wirkungsmöglichkeiten können wir uns neben den Säulen und Aspekten der Nachhaltigen Entwicklung und den Eventkomponenten auch an den Eventphasen orientieren. Dazu in Kürze einige Stichworte:

Nachhaltigkeit nach Säulen

- Ökologie
  - Energie und Ressourcen, Wasserverbrauch, Biodiversität
  - Emissionen, Müll, Umweltbelastung, Lärm, Klimawirkung (CO_2)
- Ökonomie
  - Konsumverhalten, Bildung und Wirtschaft, lokale und globale wirtschaftliche Wirkung
- Soziales
  - Partizipation, Armutsbekämpfung, Gerechtigkeit, Gesundheit

U. Holzbaur, *Nachhaltige Events*, essentials, https://doi.org/10.1007/978-3-658-32443-8_4

Nachhaltigkeit nach Leitstrategien

- Effizienz: Mehr Event für weniger Ressourcen. Bessere Organisation und Technik.
- Suffizienz: Weniger aber bessere Events. Qualität statt Quantität.
- Konsistenz: Verträglichkeit der Maßnahmen mit dem Prinzip der Nachhaltigen Entwicklung. Berücksichtigung der Zukunftsfähigkeit, Ökologie und Ökonomie, Partizipation und Gerechtigkeit.

Nachhaltigkeit nach Eventkomponenten

- Programm und Bühne: Inhaltlich und von allen Auswirkungen her
- Besucher: Integration und Partizipation, Bildungseffekt, Kommunikation
- Unterkunft und Anreise: Nachhaltige Gestaltung (z. B. umweltfreundlich), Einbindung ins Event
- Catering: Lokale Bezugsquellen und Verarbeitung, regional, saisonal, fair, Abfallvermeidung
- Location: Auswahl nach Nachhaltigkeitskriterien, Vertragsgestaltung

Damit bekommen wir eine Vielfalt von Kombinationen für mögliche Nachhaltigkeitsaspekte von Events. Die Herausforderung ist, diese zu strukturieren und für das jeweilige Event geeignet aufzuarbeiten.

Kernkomponenten

Barrierefreiheit und Umweltschutz sind gesetzliche Auflagen und wichtige Aspekte der Nachhaltigkeitswirkung von Events. Sie sind auch eine wichtige Demonstration gesellschaftlicher Verantwortung des Veranstalters. Familienfreundlichkeit und Jugendschutz tragen zur Zukunftsfähigkeit bei. Regionalentwicklung setzt die Nachhaltige Entwicklung lokal um.

Diese Faktoren spielen als „Flaggschiffe" der Nachhaltigkeit von Events eine herausragende Rolle. Im Folgenden stellen wir die wichtigsten Wirkungskategorien bezüglich der Nachhaltigen Entwicklung zusammen (vergl. Abb. 4.1).

Abb. 4.1 Wirkungskategorien von Events

4.1 Umwelt und Klima

Bei Events wird der sonst übliche Umweltschutz häufig vernachlässigt, auch vom Kunden – er hat ja anscheinend keine Wahl und vor allem während des Events keine Zeit. Trotzdem sind nicht nur die direkten Umweltauswirkungen, sondern auch der Bildungseffekt und die Vorbildfunktion bei Events wichtig.

Im Bereich Umwelt wird nach Umweltmedien (Luft, Wasser, Boden) und Umweltbelastung (Transport, Abfall, Abwasser, Lärm …) differenziert. Im Veranstaltungswesen muss ein wesentliches Augenmerk auf den Umweltschutz gerichtet werden, um die Umweltmedien keiner zu großen Belastung auszusetzen. In sämtlichen Bereichen sollte daher umweltgerechtes Handeln zum festen Bestandteil bei der Durchführung der Veranstaltung werden: von der Vermeidung von Einweggeschirr und unnötiger Verpackung über die Minimierung des Strom-, Wasser- und Brennstoffverbrauchs bis zur Mülltrennung, Wiederverwertung und Entsorgung.

Insgesamt ist die Verantwortung für direkte und indirekte Umweltauswirkungen (Emissionen und Ressourcenverbrauch) ein wichtiger Aspekt der Nachhaltigkeit. Für Events der hier betrachteten Größenordnung geht es vor allem darum, sich dieser Verantwortung bewusst zu werden und bei allen Maßnahmen die Reduktion von Emissionen und Ressourcenverbrauch zu erreichen. Eine komplette Ökobilanz oder CO_2-Bilanz wird kaum möglich sein, wichtige Aspekte können aber im Sinne der Bildung für Nachhaltige Entwicklung hervorgehoben werden. Die Kompensation für erzeugte Treibhausgase ist als Ganzes oder für die Transportaktivitäten möglich; der Veranstalter sollte sich aber überlegen, ob das Geld dort oder in bei direkten Maßnahmen sinnvoller investiert ist.

Müll
Ein wichtiger Bereich ist Verpackungsmüll, insbesondere im Verpflegungsbereich. Es gibt viele alternative Methoden zum Einweggeschirr: von Geschirr-Mobil bis zu kompostierbaren oder essbaren Verpackungen.

Wichtige Aspekte der Abfallreduktion bei Events sind:

• Menüplanung und Mengenprognose
• Einkaufsplanung und Lagerhaltung
• Konservierung und Lebensdauerverlängerung
• Weiterverwendung unter Beachtung von Qualität und Hygiene
• Stofflich und rohstofflich verwerten

Klima und CO_2
Das hochaktuelle und dringende Thema Klimaschutz muss auch bei Events berücksichtigt werden. Auch hier können wir mit klimaneutralen Events oder zumindest einer deutlichen Reduktion der CO_2-Verursachung, beispielsweise bei Materialien, Mobilität und Catering, viel bewegen. Auch der Bildungseffekt spielt eine Rolle.

4.2   Soziales

Events für alle bedeutet auch, dass die Gesellschaft davon profitiert. Dies fängt mit der frühen Einbindung der Anspruchsgruppen in die Konzeption an und sollte sich auf die Information und Einbindung aller Betroffenen erstrecken. Der direkte oder indirekte Nutzen für die Betroffenen muss kommuniziert werden.

Barrierefreiheit sollte sich auch – sofern von der Eventkalkulation her machbar – auf die Lebenslage und das Einkommen der Zielgruppe beziehen. Auch niedrigschwellige Angebote bezüglich Vorwissen und Interesse sollten in Betracht gezogen werden.

Kulturelle Wirkung

Events sind ein Teil der Kultur und wirken auf die (Sub-) Kultur der Besucher und ihres Umfelds zurück. Kultur und Events sind eng verbunden (Abschn. 3.3), und so ist eine wichtige gesellschaftliche Wirkung die auf die Kultur, die auch stark mit der Bildung (Abschn. 3.4) zusammenhängt.

Auch hier hat der Veranstalter eine Verantwortung, die über das eigentliche Event hinausgeht.

Arbeit

In Deutschland sind durch die Sozialgesetze die Arbeitsbedingungen geregelt, sodass hier weniger Probleme zu erwarten sind. Der Veranstalter muss aber darauf achten, dass auch seine Unterauftragnehmer und Zulieferer die Standards einhalten. Dies betrifft Dienstleistungen und Produkte. Durch Einkauf von Produkten mit einem entsprechenden Siegel (Sozialsiegel, z. B. Fair Trade) kann die Einhaltung sozialer Standards und ökonomischer sowie ökologischer (Umweltsiegel) Randbedingungen in den Herstellerländern unterstützt werden.

Übergreifend aber mit einem Fokus auf Umwelt und Menschenrechte ist die gesamte Lieferkette zu beachten.

Familienfreundlichkeit

Nachhaltige Entwicklung hängt direkt mitbasiert auf der demografischen Entwicklung zusammen, weshalb auch, deshalb spielt die Familienfreundlichkeit von Events eine wichtige Rolle spielt. Bei der Zielgruppe Kinder und Eltern können in vielen Bereichen Zufriedenheit und Eventcharakter generiert werden über eine entsprechende Betreuung, aber auch durch ein familiengerechtes Angebot generiert werden.

Kinder und ihre Eltern sind keine einheitliche (homogene), sondern eine extrem inhomogene Zielgruppe. Man muss differenzieren bezüglich Kriterien wie

- Alter und Geschlecht, Familiensituation (Geschwister),
- Einkommensverhältnisse, Konsumorientierung,
- Werteorientierung, Lifestyles, Erziehung,
- persönlicher und familiärer Lebenssituation.

Die Preisgestaltung für Familien muss besonders durchdacht sein: Welchen Eintritt (wenn überhaupt) sollen Kinder bezahlen? Gibt es Familientickets? Für ältere Kinder, Jugendliche und Heranwachsende gelten wieder andere Kriterien und Schwerpunkte. Die Begleitung durch Gleichaltrige oder Aufsichtspersonen verändert die Situation wesentlich gegenüber der Betreuung durch Eltern oder Erziehungsberechtigte.

Prävention
Drogenprävention ist wichtig, aber von der Breitenwirkung und dem Gesamteffekt sind Alkoholprävention und Gesundheitsprävention effektiver.

Hierzu gehört auch, Getränke abwechslungsreich und trotzdem gesund zu gestalten und anzubieten. Alkoholfreie Getränke, die in Qualität, Niveau und Preis wettbewerbsfähig sind, müssen eine Selbstverständlichkeit sein; heute lässt sich beispielsweise jeder Cocktail in einer alkoholfreien Version mixen.

Jugendschutz
Obiges betrifft insbesondere den Jugendschutz. Für einen professionellen Eventorganisator ist die Einhaltung der Jugendschutzgesetze eine Selbstverständlichkeit. Alkohol erst ab einem Alter von 18 Jahren (branntweinhaltige Getränke) und Bier oder Wein erst ab 16 Jahren sind gesetzliche Minimalforderungen. Immer mehr Kommunen unterbinden Schnapsverkauf bei Veranstaltungen, die sich an Jugendliche und Heranwachsende richten. Dabei ist aber auf jeden Fall auf mitgebrachte Alkoholika zu achten. Eine Preisgestaltung nach dem Motto „alkoholfrei billiger" gehört ebenfalls dazu.

Im Zweifelsfall kann auch bereits im Vorfeld rechtzeitig vor der Veranstaltung Kontakt mit den Behörden insbesondere der Polizei aufgenommen werden. Diese berät i. d. R. gerne und gibt auch nützliche Tipps. Die Polizei ist Partner, niemals Gegner!

Gesundheit
Der Eventaspekt Gesundheit umfasst weit mehr als die Abwesenheit von Gefahren für Leib und Leben. Sicherheit in Bezug auf Unfälle und anderen Risiken ist für den Eventveranstalter selbstverständlich. Gesundheitsförderung und Prävention werden aber auf Festen häufig vernachlässigt. Dabei ist eine Veranstaltung sowohl bezüglich der Ernährung, als auch bezüglich der Getränke eine gute Gelegenheit, Verantwortung zu zeigen und einen positiven Bildungseffekt zu erreichen. Dazu gehören interessante und umweltfreundlich hergestellte gesunde Speisen ebenso wie schmackhafte alkoholfreie und/oder regionale Getränke.

Neben der Ernährung spielt die Bewegung eine wichtige Rolle. Mangelnde Bewegung, Stehen und Sitzen, sind eventtypisch. Mit geeigneten Einrichtungen zum Anlehnen oder Sitzen kann hier Schäden vorgebeugt werden und eine angenehme Atmosphäre erzeugt werden.

Geräuschimmissionen sind ein Thema für Teilnehmer (Hörschäden, Konzentration und Verständnis) und Anwohner (Belästigung, Ablenkung, Schädigung). Bei der Lärmbelästigung spielt auch die Uhrzeit eine wichtige Rolle.

Barrierefreiheit
Die barrierefreie Gestaltung des Events ist immer anzustreben. Dabei geht es nicht nur um die Mobilitätseinschränkungen (Rollstuhlfahrer, Gehbehinderte), sondern um alle unterschiedlichen verschiedenen Arten von dauerhaften und zeitweiligen Einschränkungen, denen Menschen unterworfen sein können. Psychische und finanzielle Barrieren können durch niederschwellige Angebote (z. B. Schnupperangebote, Besichtigungen) abgebaut werden.

Das Deutsche Gesetz zur Gleichstellung behinderter Menschen bzw. Behindertengleichstellungsgesetz (BGG) soll eine Benachteiligung von Menschen mit Behinderungen beseitigen bzw. verhindern. Das heißt, auch Veranstaltungen müssen für behinderte Menschen in der allgemein üblichen Weise, ohne besondere Erschwernis und grundsätzlich ohne fremde Hilfe zugänglich und nutzbar sein.

Zu berücksichtigen sind bei der Programm- und Infrastrukturgestaltung im besonderen Maße die Belange von Mobilitätsbehinderten. Vor allem im Hinblick auf den demografischen Wandel ist dabei sowohl die Situation der Senioren zu beachten als auch die von Eltern mit Kinderwagen.

▷ **Wichtig**
Das klassische Beispiel für Mobilitätsbehinderte sind Rollstuhlfahrer. Hier gibt es eine breite Spanne beispielsweise bezüglich der Beweglichkeit. Auch auf die Bedürfnisse von Begleitpersonen muss Rücksicht genommen werden.

Daneben müssen auch Einschränkungen der Wahrnehmung berücksichtigt werden. Von der Blindheit bis zu Hörproblemen bei Hintergrundlärm ist eine weite Spanne zu beachten. Auch ein Kurzsichtiger, der seine Brille verliert, kann schnell zum stark Sehbehinderten werden. Ebenso ein Altersfehlsichtiger, der eine Anleitung nicht lesen kann. Genauso soll bei der Ausschilderung und bei Anleitungen auf Leseschwache und Nicht-Muttersprachler Rücksicht genommen werden.

Leichte Texte und Symbole

Symbole müssen so verwendet werden, dass sie von allen Kulturen verstanden werden.◄

Eindeutige Symbole und klare unmissverständliche Texte helfen allen Eventbesuchern. Dies spielt nicht nur bei Ankündigungen oder der Signalisierung von Wegen, Notfallplänen oder Alarmsituationen eine Rolle.

4.3   Wirtschaftliche Wirkung

Die Wirkung von Events auf die regionale Wirtschaft einerseits und die globalen Auswirkungen der Beschaffung andererseits sind wichtige Nachhaltigkeitseffekte. Events können auch regionale Wirtschaftskreisläufe und faire globale Versorgungsketten stärken.

Zur wirtschaftlichen Wirkung von Events gehört auch die Schaffung und (Ab-) Nutzung von Infrastrukturen. Nachhaltigkeit bedeutet eine langfristige Gestaltung der zu schaffenden Infrastruktur und eine sinnvolle Nutzung vorhandener Infrastrukturen.

Ein weiterer wichtiger Effekt ist die emotionale Ansprache von Besuchern im Sinne der regionalen Wirtschaft, von Branchen oder von Bildungsmaßnahmen.

Wichtige Komponenten 5

> In diesem Kapitel betrachten wir die wichtigsten Aspekte zur Planung und Umsetzung Nachhaltiger Events. Das Managementsystem ist die Basis, um ein nachhaltiges Event verantwortlich und zukunftsorientiert zu planen und zum Erfolg zu führen. Kommunikation ist eine wichtige Erfolgskomponente. Wichtige Komponenten sind die touristischen Aspekte.

Im Folgenden betrachten wir die wichtigsten Aspekte zur Planung und wichtigsten Umsetzungskomponenten (Abb. 5.1) Nachhaltiger Events.

5.1 Managementsystem

Bevor wir die eigentlichen Maßnahmen zur Umsetzung Nachhaltiger Events betrachten, gehen wir kurz auf das Event-Management-System ein.

Normen

Als Normen für Nachhaltige Events ist neben der allgemeinen Norm DIN ISO 26000 (Nachhaltigkeitsmanagement) die ISO 20121 (Event Sustainability Management System) relevant. Spezielle Normen sind zum Beispiel die DIN ISO 14001 (Umweltmanagement), ISO 50001 Energiemanagement und die DIN 18040 (Barrierefreiheit). Daneben gibt die Normenreihe DIN ISO 9001 (Qualitätsmanagement) Handreichungen für die Umsetzung von Qualität in allen Arten von Organisationen.

U. Holzbaur, *Nachhaltige Events,* essentials, https://doi.org/10.1007/978-3-658-32443-8_5

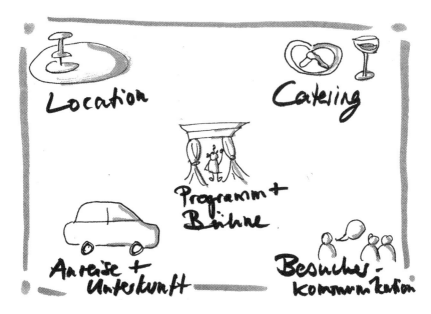

Abb. 5.1 Umsetzung Nachhaltiger Events

Leitbild und Selbstverständnis
Die Organisation und das Eventteam brauchen eine klare Vorstellung, was bezüglich der Nachhaltigen Entwicklung erreicht werden soll. Dies schließt die grundlegenden Werte und Prinzipien der Organisation mit ein. Die Leitungsebenen der Organisation müssen das Thema Nachhaltigkeit und die Bedeutung von Nachhaltigen Events verstanden haben und unterstützen.

Stakeholder-Management
Sowohl für den Erfolg Nachhaltiger Events als auch für eine partizipative Gestaltung ist die Einbindung aller Beteiligten wichtig. Dies gilt für die Nachhaltigkeitsziele der Organisation ebenso wie für jedes einzelne Event.

Vom Ziel zur Aktion
Die Organisation braucht klare Ziele, die in Einzelzielen, Maßnahmen und Aktionen umgesetzt werden. Die Identifikation der Kernelemente und das Festlegen

der Schwerpunkte führen über die Festlegung und Kommunikation einer klaren Strategie und von Handlungsprinzipien zu Gesamtzielen und Einzelzielen mit Kriterien für die Zielerreichung.

Operatives Managementsystem
Die Prozesse zur Erreichung von Nachhaltigkeit und Erfolg im Event werden beschrieben und festgelegt und führen zum Nachhaltigkeitsmanagementsystem. Messung von Ergebnissen und interne und externe Ergebnissicherung und Berichterstattung sind Basis für den Kontinuierlichen Verbesserungsprozess (KVP).

Menschen
Im Eventmanagement sind die Besucher, Mitarbeiter, Kunden und andere Stakeholder für den Erfolg besonders wichtig. Sie müssen systematisch eingebunden und informiert werden. Motivierte und engagierte Mitarbeiter tragen zum Erfolg wesentlich bei, Schulung und Information, Beteiligung und Befähigung sind wichtige Faktoren. Dazu gehört auch, Erfolge zu dokumentieren, zu kommunizieren und mit allen Partnern zu feiern.

Sicherheit
Sicherheit betrifft bezüglich der Nachhaltigkeit zwei Bereiche: die Prävention und die vorsorgliche Planung einer angemessenen Reaktion auf mögliche Ereignisse (Abschn. 2.5). Die Planung von Notfallmaßnahmen gehört zum Standard des Eventmanagements. Verantwortungsbewusste Planung legt aber auf eine Risikovorsorge von vorne herein mehr Wert und muss auch die Belange der Zukunftsorientierung im Sinne des Prinzips Verantwortung berücksichtigen. Der erste Punkt ist die Verhinderung von Schadereignissen (Prävention), der zweite die Planung einer angemessenen Reaktion und Schadenbegrenzung – unter Berücksichtigung all dieser Nebenbedingungen.

Organisation und Mitarbeiter
Eine der wirksamsten Maßnahmen, um ein Event nachhaltig zu machen, ist die Sensibilisierung und Befähigung der Mitarbeiter. Das geht vom Personal vor Ort bis zu den Planern. Nur durch Führung – Einweisung und Vorbildfunktion – und Bereitstellen von Kompetenzen, Ressourcen und Informationen werden die wichtigen Komponenten des Nachhaltigen Eventmanagements umgesetzt.

Engagierte, aufmerksame und richtig eingewiesene Mitarbeiter können Unzulänglichkeiten kompensieren und Problemen vorbeugen. Sie tragen zu den Eventkomponenten Aktivierung, Positivität und Image wesentlich bei. Wichtig dabei sind klare Informationen und Hinweise auf die Bedeutung des Handelns der Mitarbeiter für den Erfolg des Events und die Risiken. Wo nötig, sind Anweisungen klar und einheitlich zu geben. Dazu gehört auch die Einweisung von Dienstleistern wie Putz- oder Sicherheitsdiensten (Security).

Die Leitung einer Organisation ist für die Konsequenzen des Handelns ihrer Mitarbeiter verantwortlich, insbesondere für die Einhaltung der gesetzlichen Vorschriften. Nicht umsonst spielt deshalb die Einweisung des Personals und die Verantwortung des Managements für diese Einweisung eine wichtige Rolle. Die Mitarbeiter sind aber auch der wesentliche Erfolgsfaktor eines Events. Sie tragen zum Erfolg und zum positiven Image bei.

Instruktionshaftung

Ein häufiges Ärgernis bei Festen im öffentlichen Raum sind berechtigte Kontrollen und Rügen der Polizei bezüglich des Ausschanks von Alkohol an Jugendliche. Häufig sind davon ehrenamtliche MitarbeiterInnen betroffen, die vom Veranstalter nicht hinreichend eingewiesen wurden. Die gegenseitige Schuldzuweisung zwischen den Beteiligten und die negative Presseresonanz überschatten das Event.◄

5.2   Kommunikation

Ein Event lebt von der Wahrnehmung, und dazu gehört die Information. Ein wichtiger Aspekt dabei ist die Vermittlung von aktuellen Informationen zum Eventgeschehen.

Kommunikation über Nachhaltigkeit
Da die Nachhaltigkeitswirkung und Maßnahmen zur Nachhaltigen Entwicklung meist nicht direkt erkennbar sind, müssen Sie gegenüber den Besuchern, Kunden und Stakeholdern kommuniziert werden.

Kommunikation für die Nachhaltigkeit
Verständliches Informationsmaterial für alle ist ein Erfolgskriterium. Das gilt für das Erleben nach dem Motto „Man sieht nur was man weiß" genauso wie für die Sicherheit und die kleinen Dinge, die das Leben angenehm machen oder die Laune verderben. Information ist auch ein wesentlicher Teil des Erlebnisses vor

(Vorbereitung, Anreise) und nach (Abreise, Nachbereitung) dem Event. Vorabinformation und Vorbereitung sind wesentliche Komponenten des Eventerlebnisses – schließlich dauert die Vorfreude zigmal so lange wie das Event.

Nachhaltigkeitskommunikation
„Tue Gutes und rede darüber": Dieser Satz steht häufig im Zentrum der Nachhaltigkeitskommunikation. Die meisten Unternehmen wollen für ihr Engagement einen unmittelbaren Nutzen sehen und den können sie im Allgemeinen nur erwarten, wenn die Stakeholder (Kunden, Politik etc.) das Engagement wahrnehmen. Zielgruppe der Nachhaltigkeitskommunikation können alle Stakeholdergruppen sein.

Nachhaltigkeitskommunikation sollte immer auch mit einer Nachhaltigkeitsberichterstattung verbunden sein: Das Unternehmen legt dabei seine nachhaltigkeitsbezogenen Leistungen, Aktivitäten und Auswirkungen dar. Um das Ganze vergleichbar zu machen, hat die GRI (Global Reporting Initiative) einen Satz von über 100 Indikatoren herausgegeben, die Nachhaltigkeitsaktivitäten und Nachhaltigkeitswirkungen des Unternehmens beschreiben.

5.3 Mobilität

Ein weiterer wichtiger Aspekt ist die umweltfreundliche Mobilität, die Förderung der Anreise mit Bus und Bahn. Dies geht von der Anpassung der Veranstaltungszeiten auf den ÖPNV über die im Preis inbegriffene Bahnfahrt bis hin zur Kompensation von CO_2-Emissionen.

Anreise/Abreise
Unter Umweltaspekten ist eine Anreise mit öffentlichen Verkehrsmitteln empfehlenswert. Durch spezielle Bonussysteme (Ermäßigung beim Eintritt oder Gutscheine für Essen/Trinken bei Vorlage einer Fahrkarte) oder ein Kombiticket (Eintritt + ÖPNV + Bahn) können Besucher evtl. motiviert werden, das Auto zu Hause stehen zu lassen. Die Anreise mit öffentlichen Verkehrsmitteln kann bereits als Teil des Event-Erlebnisses gestaltet werden und so die Nutzung von Bus und Bahn fördern. Gute Anbindung durch öffentliche Verkehrsmittel und direkte Shuttledienste beispielsweise vom Bahnhof zum Festgelände sind wichtig. Auch hier ist auf Barrierefreiheit und gute Information im Vorfeld und vor Ort zu achten. Ein wichtiger Faktor ist die Abstimmung der Eventzeiten auf den Takt des ÖPNV bzw. der Bahn.

Für die Gäste, die mit dem eigenen PKW anreisen, ist eine deutliche Beschilderung des Weges zur Veranstaltung hilfreich, da sie Parkplatzsuchverkehr vermeidet.

5.4   Location und Gastronomie

Hardware und Location
Unter der Hardware des Events verstehen wir die gesamte feste Infrastruktur wie Wege, Gebäude und die bauliche Infrastruktur.

Wir gehen davon aus, dass im Rahmen der betrachteten Events die Location feststeht. Andernfalls sind Aspekte der Barrierefreiheit und Umweltfreundlichkeit sowie der Erreichbarkeit zentral für die Auswahl des Ortes. Weitere wichtige Aspekte sind:

- Zugänge und Logistik, Anreise
- Sichtbarkeit und Begrenzung
- Toiletten und Entsorgung
- Sauberkeit und Hygiene
- Umwelt- und Naturschutz

Gegebenenfalls ist die notwendige Infrastruktur (Toiletten, Hygiene, Lärmschutz, Abgrenzungen) durch den Veranstalter zu schaffen.

Gastronomie
Beim Essen ist darauf zu achten, dass es nachhaltigkeits- und zielgruppengerecht ist. Neben der Verwendung regionaler und saisonaler Rohstoffe und Verpackungsaspekten spielen Art und Preis der Gerichte eine wichtige Rolle. Preiswerte und gesunde Gerichte sollten die Regel sein und angestrebt werden – auch hier ist eine ergänzende Kommunikation z. B. über die Speisekarte wichtig.

Alkoholfreie Getränke, die in Qualität, Niveau und Preis mit alkoholischen vergleichbar sind, müssen eine Selbstverständlichkeit sein.

Beim Event sind je nach der Bedeutung des Essens und der Zusammensetzung der Besucher auch Anforderungen wie vegan und vegetarisch, koscher und halal zu berücksichtigen. Dies wird umso wichtiger, je länger das Event dauert.

Daneben kann die Gastronomie durchaus zum Erlebnis beitragen und als Beitrag zur Nachhaltigen Entwicklung ein wichtiger Teil des Nachhaltigen Events werden.

Catering

Beim Catering geht es nicht um Knalleffekte und exotische Zutaten, sondern darum, das Essen stilvoll anzurichten und so darzubieten, dass es alle Sinne anspricht. Informationen zu Herkunft und Zubereitung und dem Zusammenhang mit der Nachhaltigen Entwicklung fördern die Wertschätzung.

Wichtige Anknüpfungspunkte liegen in der Herkunft (regional, fair, bio) und Auswahl (z. B. weniger Fleisch dafür bessere Qualität oder Wild, erhaltenswerte Sorten) der Rohstoffe. Der Zusammenhang mit globalen (Klimaschutz, Gerechtigkeit, indigene Völker) und lokalen (Biodiversität, Kulturlandschaft, Wirtschaft, Abfall, Verschwendung) Themen kann durch zusätzliche Informationen und Bilder gegeben werden, die Verwendung regionaler und traditioneller Konservierungsarten und kreative Resteverwertung können genutzt und thematisiert werden.◄

Eine Zusammenfassung zu management-, erlebnis- und nachhaltigkeitsrelevanten Aspekten von Gastronomie und Catering gibt das Manager-Kochbuch [5].

►   Zunächst betrachten wir einige grundlegende Konzepte, mit denen ein Event nachhaltiger wird bzw. die eine nachhaltige Gestaltung fördern. Aus Sicht der Organisatoren ist wichtig, in welcher Phase der Planung welche Entscheidungen die Nachhaltigkeit von Events positiv beeinflussen können und welche kritischen Punkte auf dem Weg liegen. Die Betrachtung aus Besuchersicht lässt erkennen, wo und in welchen Phasen des Eventbesuchs Anknüpfungspunkte für Maßnahmen zur Förderung der Nachhaltigkeitswirkung sind.

Für die Umsetzung gibt es detaillierte Checklisten in Buchform und im Internet, siehe beispielsweise Abele und Holzbaur (2011) [1], Holzbaur (2016) [6] oder den Leitfaden des Umweltministeriums (2020) [9].

6.1   Strategie

Die Strategien „Mehr Event statt mehr Events" und „Qualität statt Quantität" lassen sich im Sinne einer Nachhaltigen Entwicklung einsetzen, wenn man den Erlebnisfaktor steigern kann, ohne dafür viele Ressourcen aufzuwenden.

►   Das menschliche Verhalten spielt eine zentrale Rolle bei Events.

Strategiematrix: Aspekte und Komponenten
Die Zeilen und Spalten der Tab. 6.1 geben die wichtigsten Kombinationen aus Aspekten (Wirkungskategorien) (Kap. 4) und Komponenten (Verursacher,

Tab. 6.1 Strategiematrix der Wirkungen und Komponenten

	Management	Umwelt/Klima	Gesellschaft	Wirtschaft	Kultur
Event/Act					
Mobilität					
Location					
Catering					
Lieferkette					

Entstehung, Hebel) (Kap. 5) an. Sie können helfen, die verschiedenen Handlungsbereiche zu strukturieren und Schwerpunkte festzulegen.

6.2 Nachhaltigkeit in den Eventphasen

Für die Eventplanung sind die Eventphasen ein guter Ausgangspunkt. Die frühen Phasen und die dort getroffenen Entscheidungen sind zentral für den Erfolg und die Nachhaltigkeit von Events (Tab. 6.2).

Tab. 6.2 Nachhaltigkeitsaspekte im planungsorientierten Phasenkonzept

Phase	Inhalt
Init	Initialisierungsphase: Weichenstellung, Strategie, Ziele, Nachhaltigkeitsteam
Start	Planungsphase: Schwerpunktbildung: Bildung, Ressourcen, ...
Vorbereitung	Feinplanung: Beschaffung, Bildung, Ressourcen, Anreise, Catering, Umwelt ...
Anlauf	Konkrete Wirkung: Aktivitäten vor Ort, Aufbau, Anlieferung, Anreise
Aktiv	Ablauf des Events: Direkte Wirkung, Vorbildfunktion und Kommunikation
Nachlauf	Abbau, Rückgabe, Rückreise,
Nachbereitung	Auswertung, Kommunikation zu NE-Schwerpunkten und Erfolgen

Initialisierung

In der Initialisierung muss das Team die Ziele festlegen und mit den wichtigen Stakeholdern abstimmen. Dabei werden die Schwerpunkte bezüglich der Nachhaltigkeitsaspekte und Strategien festgelegt. Im Sinne der Partizipation ist eine frühzeitige Berücksichtigung der Stakeholderinteressen notwendig, selbst wenn diese wegen der noch internen Diskussion nicht explizit befragt werden können.

Start

Die Hauptaufgaben dieser Phase bestehen in der Detailplanung des Events und in der Projektplanung der gesamten Aufgabe. In der Detailplanung wird das Gesamtkonzept detailliert ausformuliert und spezifiziert. Genaue Mengengerüste und Schätzungen helfen Überkapazitäten und Verschwendung zu vermeiden. Umfangreiche Information und Kooperation mit Fachleuten hilft, Nachhaltigkeitsaspekte zu berücksichtigen. Vor und nach dem „going public" muss ein Stakeholderdialog initiiert werden.

Vorbereitung

In der Vorlaufphase zum Event beginnen die eigentlichen Vorbereitungen und die Umsetzung der Projektplanung. Die zur Durchführung des Events notwendigen Maßnahmen müssen vorbereitet werden; für externe Vergaben müssen Angebote eingeholt und geprüft und Aufträge vergeben werden. Hier muss in der Ausschreibung auf Nachhaltigkeitsaspekte Wert gelegt werden.

Die Einladung selbst hat eine Informations- und Signalfunktion gegenüber allen Stakeholdern. Eine Einladung auszusprechen, ist nicht sehr aufwendig, hat aber einen positiven Effekt.

Teilnehmerzahl

Eine der wichtigsten Quellen für Verschwendung ist eine falsche Prognose der Teilnehmerzahlen. Durch regelmäßiges Nachfragen (Erinnerungsemails) und eine flexible Planung (Catering, Materialien) muss die Beschaffung auf die tatsächliche Teilnehmerzahl angepasst werden.◄

Anlauf

Innerhalb der Anlaufphase des Events werden die notwendigen Aufbauarbeiten vor Ort durchgeführt und die Maßnahmen zum geregelten Hochlaufen der Veranstaltung ergriffen. Hier gibt es starke direkte Auswirkungen auf die natürliche und kulturelle Umwelt.

Aktiv

Die Aktivphase beschreibt den eigentlichen Ablauf der gesamten Veranstaltung. In dieser Phase wird deutlich, ob das Projekt ausreichend gut geplant worden ist und ob die zuvor getroffenen Entscheidungen richtig waren. Das Ende dieser Phase wird vom offiziellen Schluss der Veranstaltung gekennzeichnet.

Nachlauf

Die Nachlaufphase beschreibt sämtliche Aktivitäten vor Ort nach dem offiziellen Ende der Veranstaltung. Hierzu gehören Abbau, Abtransport und Entsorgung sowie die damit verbundene Erfassung der Verbräuche, Aufwände und Belastungen. Auch die Reflexion des Eventerfolgs, der Nachhaltigkeitseffekte und des Besucherverhaltens liefern wichtige lessons learned.

Nachbereitung

In die Nachbereitungsphase fallen u. a. der Abschluss der Finanzen, das Einholen und Auswerten von Rückmeldungen, die Dokumentation des Gesamtprojekts, Würdigung der Beiträge (Danksagungen) und die Erfolgskontrolle mit der Frage: „Haben wir alle unsere Ziele erreicht?" Mit dem Ende der Nachbereitungsphase ist das Gesamtprojekt Veranstaltung abgeschlossen.

6.3   Nachhaltigkeit bezüglich der Besuchsphasen

▶   Im Hinblick auf den Besuch gibt es ganz unterschiedliche Hebel bezüglich der Nachhaltigkeitswirkung.

Während die Projektphasen für die organisatorische Umsetzung entscheidend sind, tragen die Eventphasen aus Besuchersicht (Abb. 6.1) zum Erlebnis bei und haben jeweils unterschiedliche Auswirkungen auf die Nachhaltigkeitswirkung (Tab. 6.3).

In den einzelnen Phasen ergeben sich verschiedene Arten von Aktivitäten.

Information

Die Informationsphase stellt die Weichen, ob und mit welchen Erwartungen der Besucher am Event teilnimmt. Hier kann man gezielt Zielgruppen ansprechen und die Nachhaltigkeitsaspekte als Auswalkriterium hervorheben.

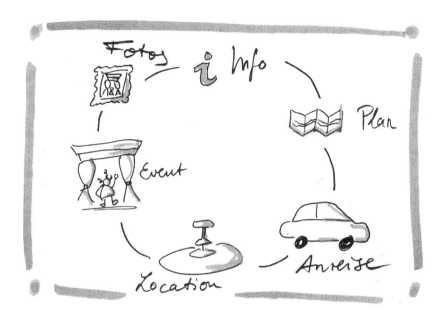

Abb. 6.1 Besuchsphasen

Planung und Vorbereitung
Der Besucher beschäftigt sich mit dem Event, plant die Teilnahme, stimmt sich mit weiteren Teilnehmern ab. Durch Informationen und Bereitstellen von Alternativen kann hier ein nachhaltigkeitsfreundliches Verhalten erreicht und auch als Wettbewerbsvorteil positioniert werden.

Anreise/Abreise
Für die Mobilität gelten die Prinzipien des Nachhaltigen Tourismus. Unter Umweltaspekten ist eine Anreise mit öffentlichen Verkehrsmitteln empfehlenswert.
Die Anreise kann als Event und Teil des Erlebnisses gestaltet werden.

Aufenthalt vor Ort
Der Aufenthalt am Eventort vor Eventbeginn kann einige Minuten betragen, aber auch mit Übernachtungen verbunden sein, eventuell sogar mit einem längeren Aufenthalt in der entsprechenden touristischen Destination. Diese Phase

Tab. 6.3 Nachhaltigkeitsaspekte im besuchsorientierten Phasenkonzept

Phase	Inhalt
Info	Informationsphase: Nachhaltigkeit als Entscheidungskriterium, Informationen zur Nachhaltigkeit, Partizipationsmöglichkeiten für die Stakeholder
Planung	Planungsphase: Gestaltung des Events aus dem Angebot, Anreise, Quartiersuche, Entscheidung für nachhaltigkeitsfreundliche Varianten
Vorbereitung	Feinplanung: Vorbereitung und Organisation,
Anreise und Aufenthalt	Konkrete Umweltauswirkungen, Nutzung als Erlebnis
Teilnahme	Ablauf des Events: Kommunikation und Erlebnis, Ressourcenverbrauch und Umweltbelastung, Konsum und integrative Wirkung, Bildungseffekte
Rückreise	Konkrete Umweltauswirkung, Nutzung als Erlebnis, Kommunikation mit anderen Reisenden und gegenüber Dritten
Nachbereitung	Bewahrung der Erinnerung, Dokumentation und Kommunikation, Kontaktpflege, Folgeentscheidung „nach dem Event ist vor dem Event", Langfristiger Effekt von Bildung und Informationsmaßnahmen

sollte nach denselben Kriterien betrachtet werden wie das eigentliche Event, auch Aspekte des Nachhaltigen Tourismus sollten berücksichtigt werden.

Teilnahme

Die Teilnahmephase ist „das Event" und Kerninhalt des Eventmanagements. In der Teilnahmephase wird das Event am intensivsten erlebt, und die Aktionen werden durchgeführt. Hier entstehen direkte und indirekte Umweltauswirkungen, aber auch wirtschaftliche und soziale Wirkungen durch Verbrauch (Verzehr) von Waren und Inanspruchnahme von Dienstleistungen. In dieser Phase ist die stärkste Möglichkeit für die emotionale Ansprache der Zielgruppe im Sinne der Bildung für Nachhaltige Entwicklung gegeben.

Rückreise

In der Rückreisephase werden Erinnerungen verarbeitet und Informationsmaterial wird gesichtet oder weggeworfen. Eine (zumindest teilweise) gemeinsame Rückreise der Teilnehmer kann Erinnerungen auffrischen und das Gemeinschaftsgefühl stärken. Die Rückreisephase kann analog der Anreisephase geplant sein.

Nachbereitung
In der Nachbereitung entscheidet sich der Erinnerungswert sowie der Bildungs-
und Motivationseffekt des Events. Da hier der Einfluss des Veranstalters gering
ist, muss diese Phase durch die vorangegangenen Phasen gut vorbereitet sein.
Hier kommunizieren die Besucher auch über Social Media untereinander und
mit dem Veranstalter. Folgeentscheidungen werden getroffen, gemäß dem Motto:
„Nach dem Event ist vor dem Event".

Giveaways

Giveaways sind Artikel, die der Besucher geschenkt bekommt, damit er sie
mit nach Hause nimmt. Sie sollen während des Events im Event zur positiven Stimmung beitragen und bestenfalls erzeugen sie eine positive Erinnerung
an das Event, oder sie sind ein beliebtes Mitbringsel für die Familie oder
Mitarbeiter. Im schlechtesten Fall landen sie im Müll und verursachen das
Gefühl, dass hier Ressourcen und Finanzen verschwendet wurden. Im Optimal-
fall transportieren sie über Jahre die Inhalte, die der Organisator mit dem Event
kommunizieren wollte, und sind Anknüpfungspunkt für viele interessante
Gespräche über diese Inhalte.◄

6.4 Erfolgsfaktoren

Eine kurze Zusammenfassung der wichtigsten Erfolgsfaktoren nachhaltiger
Events gibt die folgende Liste:

- Event als Mittel zur Kommunikation und Zielerreichung positionieren
- Klare Zielsetzung und Strategie herausarbeiten, für die Zielgruppen planen
- Partizipation: alle gesellschaftlichen Anspruchsgruppen (Stakeholder) integrie-
  ren
- Gesellschaftliche Verantwortung integrieren und demonstrieren
- Positionierung und Marketing: Motto, Marke und USP (Unique Selling Propo-
  sition)
- Solide Planung und glaubwürdige Kommunikation und Kommunikationspart-
  ner
- Sicherheit und Erlebnis, Spannungsfeld der Anspannung (Flow)
- Von Menschen für Menschen: geschulte und kompetente Mitarbeiter

- Einfache und klare Information; Leitsysteme; Informationsmanagement
- Inklusion und Integration (Schwellenabbau, Preise, Barrierefreiheit)
- Energie sparen; Vermeiden von Umweltbelastungen
- Prävention in allen Bereichen umsetzen
- Keine Panik: Sicherheitsplanung, Notfallpläne und Risikomanagement

6.5   Nachhaltige Events Design Matrix

Für die Konzeption Nachhaltiger Events wurde ausgehend von den Entscheidungskomponenten [3] eine Matrix (Sustinable Event Design Matrix, SEM) aufgebaut, die die beiden Sichten auf das Event mit den Aspekten Nachhaltiger Events kombiniert. Sie kombiniert die Planungsphasen mit den wichtigen Aspekten und ist damit mehr entscheidungsorientiert als die Matrix der Wirkungen und Komponenten (vgl. Tab. 6.1).

Sichten bzw. Phasen
Analog zur Unterscheidung Lastenheft/Pflichtenheft bzw. Anforderungen/Spezifikationen im Entwicklungsmanagement [4] unterscheiden wir die strategische Eventvision und die operative Eventplanung.

- Vision – the stakeholders' view (Strategische Sicht, Kundenanforderungen)
- Plan – the team's view (Operative Sicht, Teamsicht, Spezifikation der Implementierung)

Elemente bzw. Aspekte
Die wichtigen Aspekte umfassen die Eventplanung (Veranstaltung, Erlebnis, Sicherheit) und die Nachhaltigkeit (Wirkung und Bildung).

- Strategy – make it sucessful (Erfolgsfaktoren)
- Event and experience – make it special (Eventfaktoren, Erlebnis)
- Sustainability – make it compatible with the future (Nachhaltigkeitsfaktoren)
- Education for Sustainable Development – make an impact (Faktoren der Bildung für NE)
- Safety – make it safe and secure (Sicherheitsfaktoren und Kommunikation)

Damit ergibt sich eine Matrix mit zehn Kernelementen (Abb. 6.2).

	Sustainable Event Design Matrix		
	Vision – the stakeholders´ view	Plan – the team´s view	Result / Outcome
Strategy Make it sucessfull	Planning phase 1 = strategig planning = WHAT = expectations / targets of the stakeholders	Evaluation from the customers´, visitors´ and society´s point of view / Planning phase 2 = Implementation = HOW = activities and measures for the event	Evaluation from the event team´s and stakeholders´ point of view / Customer satisfaction for the event responsible, the organisation, sponsors, visitors and all stakeholders
Event and experience Make it special			
Sustainability consider the future			
ESD Make an impact			
Safety Make it safe and secure			

Abb. 6.2 Sustainable Event Design Matrix Übersicht

Für jedes Element dieser Tabelle gibt es eine Reihe von Entscheidungen, die zu jeweils vier Hauptbereichen zusammengefasst werden. Damit ergibt sich die folgende Gesamtmatrix mit 40 Elementen in Abb. 6.3.

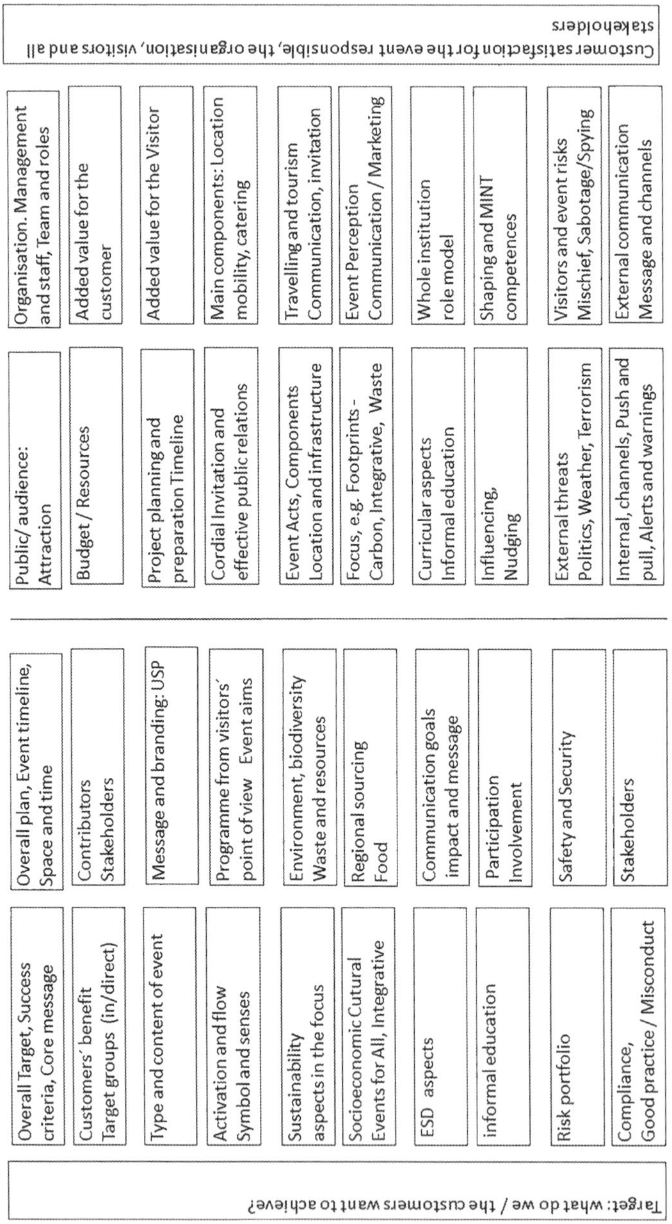

Customer satisfaction for the event responsible, the organisation, visitors and all stakeholders

Overall Target, Success criteria, Core message	Overall plan, Event timeline, Space and time	Public/ audience: Attraction	Organisation. Management and staff, Team and roles
Customers' benefit Target groups (in/direct)	Contributors Stakeholders	Budget / Resources	Added value for the customer
Type and content of event	Message and branding: USP	Project planning and preparation Timeline	Added value for the Visitor
Activation and flow Symbol and senses	Programme from visitors' point of view Event aims	Cordial Invitation and effective public relations	Main components: Location mobility, catering
Sustainability aspects in the focus	Environment, biodiversity Waste and resources	Event Acts, Components Location and infrastructure	Travelling and tourism Communication, invitation
Socioeconomic Cutural Events for All, Integrative	Regional sourcing Food	Focus, e.g. Footprints – Carbon, Integrative, Waste	Event Perception Communication / Marketing
ESD aspects	Communication goals impact and message	Curricular aspects Informal education	Whole institution role model
informal education	Participation Involvement	Influencing, Nudging	Shaping and MINT competences
Risk portfolio	Safety and Security	External threats Politics, Weather, Terrorism	Visitors and event risks Mischief, Sabotage/Spying
Compliance, Good practice / Misconduct	Stakeholders	Internal, channels, Push and pull, Alerts and warnings	External communication Message and channels

Target: what do we / the customers want to achieve?

Abb. 6.3 Sustainable Event Design Matrix Elemente

Was Sie aus diesem *essential* mitnehmen können: Nachhaltige Wirkung und Erlebnisorientierung

- Sie haben gesehen, wie man Events wirksam im Sinne eines dauerhaft positiven Eindrucks und zukunftsorientiert im Sinne der Nachhaltigen Entwicklung einsetzt.
- Sie kennen die Möglichkeiten, Events nachhaltig im Sinne des positiven Erlebnisses und der Nachhaltigen Entwicklung zu gestalten.
- Sie können durch Events die zukünftige Entwicklung positiv gestalten.
- Sie können Erlebnisorientierung für die Bildung für Nachhaltige Entwicklung einsetzen.
- Sie können Nachhaltige Events gestalten.

© Springer Fachmedien Wiesbaden GmbH, ein Teil von Springer Nature 2020   51
U. Holzbaur, *Nachhaltige Events,* essentials,
https://doi.org/10.1007/978-3-658-32443-8

Literatur

1. Abele, K., & Holzbaur, U. (2011). *Nachhaltige Events, Erfolg durch Verantwortung.* OPUS HTW Aalen, Aalen. https://opus-htw-aalen.bszbw.de/frontdoor/index/index/doc Id/217.
2. de Haan, G., & Harenberg, D. (1998). Bildung für eine nachhaltige Entwicklung – Materialien zur Bildungsplanung und Forschungsförderung, 72. Bund-Länder-Kommission für Bildungsplanung und Forschungsförderung, Bonn.
3. Holzbaur, U., Jettinger, E., Knauß, B., Moser, R., & Zeller, M. (2010). *Eventmanagement.* Heidelberg (2002[1]): Springer.
4. Holzbaur, U. (2007). *Entwicklungsmanagement.* Heidelberg: Springer.
5. Holzbaur, U. (2013). *Manager-Kochbuch – Was Manager vom Kochen lernen können.* Stuttgart: Steinbeis Edition.
6. Holzbaur, U. (2016). *Events Nachhaltig gestalten.* Wiesbaden: Springer.
7. Holzbaur, U. (2020). *Nachhaltige Entwicklung.* Wiesbaden: Springer.
8. Jones, M. (2014). *Sustainable Event Management – A practical guide* (2. Aufl.). New York: Routledge earthscan.
9. Umweltministerium, Umweltbundesamt. (2020). Leitfaden für die umweltgerechte Organisation von Veranstaltungen. Berlin. https://www.bmu.de/fileadmin/Daten_BMU/Pools/Broschueren/veranstaltungsleitfaden_bf.pdf.
10. Wall, A., & Behr, F. (2010). *Ein Ansatz zur Messung der Nachhaltigkeit von Events.* Lüneburg: Centrum für Nachhaltigkeitsmanagement.
11. World Commission on Environment and Development (WCED). (1987). *Our common future.* Oxford: Oxford University Press.

© Springer Fachmedien Wiesbaden GmbH, ein Teil von Springer Nature 2020   53
U. Holzbaur, *Nachhaltige Events,* essentials,
https://doi.org/10.1007/978-3-658-32443-8

Printed in the United States
By Bookmasters